LEKTÜRE HILFE

Fahrenheit 451

Ray Bradbury

Verfasst von Anne-Sophie De Clercq
und Apolline Boulanger
Übersetzt von Helle Hannken-Illjes

DER QUERLESER

RAY BRADBURY

AMERIKANISCHER NOVELLIST, POET, ROMANAUTOR UND DREHBUCHAUTOR

- **Geboren 1920 in Waukegan (Illinois)**
- **Gestorben 2012 in Los Angeles**
- **Einige seiner Werke:**
  - *Dark Carnival* (1947, keine deutschsprachige Übersetzung), Kurzgeschichtensammlung
  - *Die Mars-Chroniken* (1950), Roman
  - *Fahrenheit 451* (1953), Roman

Der 1920 in den Vereinigten Staaten geborene Schriftsteller und Drehbuchautor Ray Douglas Bradbury gehört zu den bedeutendsten Science-Fiction- und Fantastik-Autoren des 20. Jahrhunderts. Seine ersten Kurzgeschichten wurden 1938 als Sammlung unter dem Titel *Dark Carnival* in Fanmagazinen veröffentlicht. Seine erfolgreichsten Werke sind die Romane *Die Mars-Chroniken* (1950) und *Fahrenheit 451* (1953).

Dank seines großen Erfolgs erhielt er nicht nur

einen Stern auf dem Hollywood Boulevard, nach ihm wurde auch der *Ray Bradbury Award for Outstanding Dramatic* benannt, der seit 1992 an für Science-Fiction verschiedener Medien (Kino, TV-Serien oder -Filme, Theater, Radio, etc.) vergeben wird.

FAHRENHEIT 451

EIN GESELLSCHAFTSKRITISCHER ROMAN

- **Textgattung:** Science-Fiction-Roman
- **Herangezogene Ausgabe:** Bradbury, Ray: *Fahrenheit 451*, Heyne Verlag, München, 2010
- **Erstausgabe:** 1953
- **Themen:** Literatur, Zensur, Macht, Freiheit, Aufstand, Indoktrinierung

Fahrenheit 451 erschien zunächst als Fortsetzungsroman, wurde 1953 aber auch als einbändiger Roman veröffentlicht. Die fiktive Dystopie handelt von einer futuristischen Welt, in der sich vieles zum Schlechten gewandelt hat. Das Buch wurde 1954 mit dem Hugo Preis für den besten Roman ausgezeichnet.

Die Hauptperson der Geschichte ist der Feuerwehrmann Guy Montag. Die Handlung trägt sich in einer unbekannten Stadt in den Vereinigten Staaten zu und auch der Zeitpunkt wird nicht genau definiert. Die Gesellschaft dieser Zeit ist standardisiert: Die Freude und Zufriedenheit der Bevölkerung steht an erster Stelle und wird hauptsächlich durch die Bildschirme gewährleistet, die in jedem Haushalt zu finden sind. Die einzige Gefahr für die Menschen sind Bücher, die in dem Ruf stehen, negative Gefühle und finstere Gedanken auszulösen. Es ist die Aufgabe der Feuerwehr und damit die Pflicht Guy Montags und seiner Kollegen, alle Bücher zu verbrennen. 451 Fahrenheit ist die Temperatur, bei der Papier sich selbst entzündet.

INHALTSANGABE

DAS ERWACHEN DES BEWUSSTSEINS

Guy Montag und seine Frau Mildred leben nach den Normen und Regeln der Gesellschaft. Montag arbeitet für die Feuerwehr. Seine Aufgabe ist es allerdings nicht, Feuer zu löschen, sondern Bücher zu verbrennen. Es ist allgemein verboten, Bücher zu besitzen oder zu lesen. Daher interessiert sich auch niemand für sie und die Menschen verbringen ihre Zeit stattdessen mit Kopfhören auf den Ohren oder vor den Bildschirmen, die die Wände aller Wohnzimmer bedecken.

Montag zeigt eine rebellische Ader, die durch seine regelmäßigen Treffen mit Clarisse McClellan, einem seltsamen, jungen Mädchen, das am Rande der Gesellschaft lebt. Die Kleine liebt es, spazieren zu gehen, zu diskutieren und sich Zeit zum Nachdenken und vor allem zum Lesen zu nehmen. Sie teilt ihre Gedanken mit Montag und bringt ihm die Literatur näher. Doch schon bald verschwindet sie spurlos und wird von vielen für tot gehalten. Aus Neugier bewahrt Montag eines Tages einige Bücher vor der Verbrennung und versteckt diese bei sich zu Hause, ohne seiner Frau davon zu erzählen. Später schlägt er ihr vor, sich eines der Bücher, das er gerettet hat, näher anzusehen und liest ihr gegen ihren Willen einige Passagen daraus vor. Doch als er ihr Abneigung erkennt, widmet er sich zunehmend allein seiner neuen Beschäftigung.

Je länger er sich mit den heimlich entwendeten Büchern auseinandersetzt, desto mehr stellt er den Aufbau und die Regeln seiner Welt, sowie das Verhalten seiner Frau und seiner Kollegen in Frage. Er bemerkt, dass die meisten seiner Mitmenschen sich der Indoktrinierung, der sie unterliegen, nicht bewusst sind und dass kaum über den Krieg berichtet wird, den das Land führt. Als Montag eines Tages Zeuge wird, wie eine Frau sich lieber zusammen mit ihren Büchern verbrennen lässt, als sich dem System zu beugen, ist er zutiefst erschüttert und erscheint nicht zu seiner nächsten Schicht. Als sein Chef Captain Beatty davon erfährt, sucht er ihn auf und erklärt ihm, weshalb seine Arbeit so wichtig für die Gesellschaft ist: Durch die Verbrennung der Bücher sollen alle Bürger auf ein ähnliches Intelligenzniveau gebracht werden, wodurch gewährleistet werden soll, dass die allgemeine Diskriminierung sinkt.

DER BEGINN DES AUFSTANDS

Montag setzt sich mit einem pensionierten Professor für englische Literatur namens Faber in Verbindung, den er ein Jahr zuvor in einem Park kennengelernt und mit dem er sich über Poesie ausgetauscht hat. Gemeinsam wollen sie Bücher neu drucken und um in Kontakt zu bleiben, entwickelt der Professor eine kleine „Hörkapsel". Diesen Gegenstand setzen sie allerdings nicht nur zur Kommunikation ein, sondern nutzen ihn auch, um die anderen Feuerwehrmänner auszuspionieren.

Mit der Zeit verdächtigt Captain Beatty Montag immer mehr, Bücher vor der Vernichtung bewahrt und gestohlen zu haben. Er ist sich des Misstrauens seines Vorgesetzten bewusst, schlägt Fabers Warnung aber in den Wind und besteht darauf, seine Erkenntnisse an seine Mitmenschen weiterzugeben und den Freundinnen seiner Frau aus einem der Bücher vorzulesen. Seine Frau will ihn zunächst daran hindern, lässt ihn aber gewähren, als er langsam wütend wird. Montag geht wie gewohnt zur Arbeit und erfährt dort, dass die Feuerwehr zu seinem eigenen Haus gerufen wurde, um die Bücher dort zu verbrennen. Seine eigene Frau Mildred und ihre Freundinnen haben ihn verraten.

Captain Beatty zwingt Montag dazu, die Verbrennung der Bücher selbst durchzuführen und das ganze Haus niederzubrennen, sobald seine Frau es verlassen hat. Mechanisch nimmt Montag den Flammenwerfer und macht sich an die Arbeit, doch dann wendet er ihn plötzlich gegen seinen Chef, tötet diesen und ergreift anschließend die Flucht. Da er nun ein Krimineller ist, wird er von einem der vielen Roboterhunde verfolgt. Diese Hunde sind mit einer Nadel ausgestattet, mit der sie ihrer Beute ein Betäubungsmittel namens Prokain injizieren. Mit viel Glück gelingt es Montag, den Hund von seiner Spur abzubringen, und er erreicht den Fluss. Er lässt sich ein Stück von der Strömung treiben und folgt dann den alten Gleisen einer Eisenbahn.

Schließlich trifft er auf eine Gruppe ehemaliger Universitätsprofessoren, die aus der Gesellschaft verstoßen wurden und in kleinen, wandernden Gemeinschaften entlang der Eisenbahngleise leben. Jeder einzelne von ihnen hat einen Text auswendig gelernt, um ihn vor dem Vergessen zu bewahren. Als Montag sich der Gruppe anschließt, bricht der Krieg auch in den umliegenden Gebieten aus und ein Bombenangriff legt die Stadt, aus der er entkommen ist, in Schutt und Asche. In der Hoffnung, mit den Überlebenden ein neues Leben aufzubauen, kehren die Ausgestoßenen in die Stadt zurück.

PERSONENANALYSE

GUY MONTAG

Der Protagonist ist dreißig Jahre alt und lebt mit seiner Frau Mildred in einem der komfortablen, aber alle gleichaussehenden Häuser einer ruhigen Stadt. Er arbeitet als Feuerwehrmann und ist gemeinsam mit seinen Kollegen damit beauftragt, alle Bücher, die in der Stadt zu finden sind, zu verbrennen. Anfangs geht er dieser Aufgabe mit Vergnügen nach und ist stolz darauf, der Gesellschaft von Nutzen zu sein. Doch bald rettet er einige Bücher vor der Verbrennung und nimmt sie mit nach Hause. Das Lesen und die Unterhaltungen mit der jungen Clarisse McClellan öffnen ihm die Augen. Er wird sich der gesellschaftlichen Mängel bewusst und erkennt, dass der derzeitige Zustand verändert werden kann. Bei dem Versuch, seine Frau und später auch ihre Freundinnen von seinen Ideen zu überzeugen, scheitert er jedoch. Auf der Suche nach einem Gleichgesinnten wendet er sich schließlich an den Literaturprofessor Faber, der es sich zur Aufgabe macht, verlorene Bücher neu zu drucken.

Bei seinem letzten Einsatz ist Montag gezwungen, sein eigenes Haus, das symbolisch für das gesellschaftskonforme Leben steht, das er bis dahin geführt hat, niederzubrennen. Er erfüllt seinen Auftrag, wendet sich dabei aber auch gegen seinen Captain, tötet diesen und flieht anschließend aus der Stadt. In der Nähe stößt er auf eine Gruppe Intellektueller, die es sich zur Aufgabe gemacht haben, die ihnen bekannten Texte auswendig zu lernen und so vor dem Vergessen zu bewahren.

Der Protagonist durchläuft während der Handlung verschiedene Entwicklungsstufen:

- Zu Beginn ist er ein normaler Bürger, dem langsam bewusst wird, dass sein vermeintliches Glück nicht echt ist.
- Infolge dieser Erkenntnis versucht er, seine Gedanken mit seinen Mitmenschen zu teilen und gegen die aktuelle Lage vorzugehen.
- Letztendlich nimmt er sein Schicksal selbst in die Hand und zieht es vor, ein Gesetzloser zu werden, anstatt sich den Vorschriften der

Gesellschaft zu beugen.

Der Name Montag wurde nicht zufällig gewählt. Er soll auf den Mond und das damit verbundene Wasser bzw. die Meere, die er beeinflusst, anspielen. So lässt sich bereits von Beginn an erahnen, dass er als Gegenstück zur Sonne, dem Feuer im Allgemeinen und damit auch der zerstörerischen Aufgabe der Feuerwehrmänner steht. Der Zusammenhang wird noch deutlicher, als er am Abend seiner ersten Begegnung mit Clarisse, die ihm die Augen öffnet, den Mond betrachtet und das Gefühl hat, ihn das erste Mal wirklich zu sehen.

DIE FEUERWEHRMÄNNER

Die Feuerwehrmänner in Fahrenheit 451 haben entgegen der Erwartung nicht die Aufgabe, Feuer zu löschen, sondern es zu entfachen und alle Bücher, die als gefährlich angesehen werden und verboten sind, zu verbrennen. Sie sind davon überzeugt, dass dies schon immer ihre Aufgabe gewesen war und dass es in ihrer Verantwortung liegt, die Ordnung in der Gesellschaft aufrechtzuerhalten. Dies erreichen sie ihrer Meinung nach, indem sie verhindern, dass die Bürger durch das Lesen von Büchern eine eigene Meinung entwickeln, die nicht mit den gesellschaftlichen Ansichten übereinstimmt. Montag unterscheidet sich besonders von seinen Kollegen Stoneman und Black sowie seinem Chef Captain Beatty.

Stoneman und Black

Stoneman und Black verstärken das gesellschaftskonforme Bild, dass allgemein von den Männern der Feuerwache vertreten wird. Wie all die anderen wissen sie nichts über den Hintergrund ihrer Aufgabe oder ihrer Gesellschaft und verrichten ihre Arbeit, ohne sich weiter darüber Gedanken zu machen. Ihre Namen deuten ebenfalls in diese Richtung. „Stoneman" bedeutet wörtlich übersetzt „Steinmann" und schafft so den Eindruck, er bestehe aus Stein, habe dementsprechend keine Gefühle, keine Seele und kein Herz. Auch „Black" („Schwarz") kann als abwertend empfunden werden, da er mit Dunkelheit und im metaphorischen Sinn auch mit Blindheit und Unwissenheit assoziiert wird. Die beiden erscheinen daher wie seelenlose, unwissende Feuerwehrmänner, die nur dafür leben, ihre Pflicht zu erfüllen, die Geschichte und damit die Vergangenheit auszulöschen und die Gesellschaft in ihrer einheitlichen Denkweise festzuhalten.

Captain Beatty

Captain Beatty leitet die Einsätze der Feuerwehr. Auch sein Name lässt auf einige seiner Charakterzüge schließen. Beatty kommt von dem Englischen Verb „to beat" und bedeutet „schlagen" oder „kämpfen", was einen gewalttätigen, autoritären, aber auch lebhaften Eindruck hinterlässt und ihn stark von seinen Kollegen unterscheidet.

Er unterscheidet sich allerdings auch optischen von den Mitgliedern seines Teams, denn während deren Haut von den Flammen gefärbt wurde, ist seine nach wie vor hell und rosig. Er ist keineswegs so unwissend wie seine Untergebenen und folgt dem einheitlichen Denken der Gesellschaft nicht. Er ist ein sehr kultivierter Mann, der selbst unzählige Bücher gelesen hat und sein Wissen dazu verwendet, sein Umfeld zu manipulieren. Da er als Montags Antagonist auftritt, macht ihn seine Intelligenz und sein Vergnügen daran, alle

Hindernisse, die sich ihm in den Weg stellen, zu beseitigen, zu einem gefährlichen Gegenspieler. Ironischerweise ist es sein manipulatives Verhalten, das ihn schließlich das Leben kostet. Als er Montag befiehlt, sein eigenes Haus nieder-zubrennen und ihm dafür den Flammenwerfer gibt, wendet sich dieser gegen ihn und verbrennt ihn bei lebendigem Leib.

MILDRED MONTAG

Montags Ehefrau, die er „Millie" nennt, ist wie die Feuerwehrmänner vollkommen in-doktriniert. Ihr größter Wunsch ist es, einen vierten Bildschirm für die letzte, leere Wand das Wohnzimmers kaufen zu können, und so voll und ganz mit ihrer „Familie" zusammen leben zu können. Als „Familie" bezeichnet sie die Gruppe von Schauspielern, die virtuell über die Bildschirme mit ihr interagieren. Mildred kann Montags Interesse an Büchern, Literatur und freiem Denken nicht nachvollziehen und geht aus Angst sogar so weit, ihn für den Diebstahl und Besitz der Bücher zu melden.

CLARISSE MCCLELLAN

Clarisse ist ein junges, 17-jähriges Mädchen, die wie ihre gesamte Familie am Rande der Gesellschaft lebt. Sie legt viel Wert auf tiefgründige Gespräche, den Austausch von Gedanken und Ideen sowie lange Spaziergänge. Damit unterscheidet sie sich erheblich von ihren Mitmenschen, die in vollkommener Abhängigkeit von der Technologie leben und mit diesem Zustand zufrieden sind.

Als Clarisse Montag kennenlernt, öffnet sie ihm die Augen. Sie zeigt ihm, dass das Leben, wie es derzeit aussieht, nicht unveränderlich ist und überzeugt ihn davon, dass seine Arbeit als Feuerwehrmann nicht nur vollkommen sinnlos ist, sondern auch dem intellektuellen und psychologischen Wohlbefinden des Menschen entgegenwirkt.

Sobald sie in der Geschichte auftritt, verändert sich das Vokabular. Es werden vermehrt Anspielungen auf Licht, Weiß oder den Mond gemacht, die nicht nur auf sie, sondern auch auf Montag bezogen sind. Ihr Name, Clarisse, steht ebenfalls für Licht bzw. Erleuchtung oder

Weisheit.

Clarisse und Montag begegnen sich immer nur nachts, wenn Montag von seiner Schicht nach Hause geht. Diese Zeit eignet sich am besten für Träumereien, die Flucht vor dem Alltag und tiefgründige Gedanken. Die junge Clarisse ist das Gegenstück zu Mildred und ihren Freundinnen, die, ganz im Gegensatz zu ihr, glücklich und zufrieden mit dem Leben sind, das sie führen.

PROFESSOR FABER

Faber ist ein pensionierter Literaturprofessor, der sich trotz des strikten Verbots weiterhin mit Lesen beschäftigt und sich auch für andere Künste interessiert. Wie die Namen aller wichtigen Charaktere der Geschichte verrät auch der seine viel über seine Persönlichkeit, denn „faber" ist Latein und bedeutet „mit Kunst", „Künstler" oder „einfallsreich". Er gehört zu den wenigen Menschen, die sich nicht an die Gesellschaft anpassen wollen, da diese jegliche Form von historischer Forschung, Literatur und Kunst ablehnt und als Bedrohung des menschlichen Zusammenhalts sieht.

Er hat Montag bereits ein Jahr vor Beginn der Geschichte in einem Park kennengelernt und ihm einige Gedichte vorgetragen. Als Montag anfängt, sich mit den gestohlenen Büchern auseinanderzusetzen, braucht er einen Lehrer, der ihm dabei zur Seite steht. Er schafft es, Faber ausfindig zu machen und findet ihn in einem Haus, in dem er eingesperrt und ohne jeglichen Kontakt zur Gesellschaft lebt. Der rebellische Feuerwehrmann bringt ihn dazu, neue Hoffnung zu schöpfen. Er hilft Montag, vor dem Roboterhund und aus der Stadt zu fliehen, und macht sich anschließend selbst auf den Weg, um einen alten Freund zu suchen, der früher als Buchdrucker gearbeitet hat.

INTERPRETATION

EINE DYSTOPIE MIT VIELEN ANDEREN EINFLÜSSEN

Fahrenheit 451 ist zur Hoch-Zeit der Science-Fiction Romane (1920-1950) in den Vereinigten Staaten entstanden, weshalb Bradbury zu den führenden Autoren dieses Genres gezählt wird, obwohl er selbst nicht darauf besteht, dieser literarischen Strömung anzugehören. Laut Bradbury selbst ist *Fahrenheit 451* sein einziger Science-Fiction-Roman, während seine anderen Werke sich eher der Textgattung Fantasy zuordnen lassen.

SCIENCE-FICTION, FANTASTIK, MÄRCHEN UND FANTASY

Die fantastische Literatur genießt zunehmende Beliebtheit und kann in mehrere Gattungen unterteilt werden. Die bekanntesten sind:

- **Science-Fiction.** Hierbei handelt es sich

um die Werke, deren fiktive Handlung sich in der Zukunft abspielt. Die dargestellte Zukunftsvision liegt oft in zeitlich relativ geringem Abstand zum Zeitpunkt, zu dem das Buch verfasst wurde, und stellt eine mögliche Entwicklung der Gesellschaft dar. Zu diesem Genre gehört neben *Fahrenheit 451* beispielsweise auch *Der Planet der Affen* von Pierre Boulle.

- **Fantastik.** In einer Geschichte, die der Fantastik zugeordnet werden kann, wird eine realistische Welt von unglaubwürdigen, übernatürlichen Ereignissen oder Erscheinungen erschüttert. Oft schwankt der Leser zwischen einer rationalen Erklärung und der Akzeptanz des Irrationalen. Beispielwerke für dieses Genre sind E. T. A. Hoffmanns *Der goldene Topf*, Edgar Allan Poes *Das verräterische Herz* und Franz Kafkas *Die Verwandlung*.

- **Märchen.** Im Gegensatz zu der Fantastik ist die Welt, in der sich die Handlung der Märchen zuträgt, von Grund auf fantastisch und magisch. Sie ist bevölkert von Wesen und Kreaturen, die es in der realen Welt nicht gibt, und ist daher vollkommen losgelöst von der alltäglichen Welt des Lesers. Hierzu zählen beispielsweise die Märchensammlungen von Hans Christian Andersen und den Gebrüdern Grimm.

- **Fantasy.** Die Literatur, die zur Gattung Fantasy zählt, lässt sich zwischen Fantastik und Märchen einordnen. Die Welt, in der die Handlung stattfindet, ist wie bei den Märchen von fantastischen Elemente geprägt, hält sich aber weitestgehend an die Regeln der realen Welt. Im Gegensatz zur Fantastik werden diese Elemente allerdings als normal angesehen und fügen sich mühelos in die Handlung ein. Zu den bekanntesten Fantasy-Werken gehören die Harry-Potter-Saga von J. K. Rowling, *Der Herr der Ringe* von J. R. R. Tolkien und *Das Lied von Eis und Feuer* von G. R. R. Martin.

Fahrenheit 451 ist ein Zukunftsroman und eine Dystopie. Der Autor zeigt dem Leser eine Möglichkeit, wie die Welt und die Gesellschaft sich entwickeln könnte, wobei diese Vorhersage alles andere als vielversprechend ist. In seinem Buch ist die klare Kritik an der heutigen

Gesellschaft und dem, was aus ihr werden könnte, zu erkennen. Mit dieser Idee schließt der Roman sich an andere, berühmte Romane an, wie beispielsweise *Schöne neue Welt* (1932) von Aldous Huxley (britischer Schriftsteller, 1894-1963) oder *1984* (1949) von George Orwell (ebenfalls britischer Schriftsteller, 1903-1950).

Schöne neue Welt

Aldous Huxleys Roman spielt im London der Zukunft (in der deutschen Übersetzung wurde die Handlung nach Berlin verlegt) und schildert eine Welt, in der jeder Lebensabschnitt der Menschen kontrolliert und im Voraus geplant wird: Kinder werden künstlich gezeugt, bei ihrer „Geburt" einer der gesellschaftlichen Kasten zugeordnet und dieser entsprechend in ihrer Entwicklung bezüglich Aussehen und Intelligenz manipuliert. Wie in *Fahrenheit 451* werden die Menschen von einem totalitären Regime regiert, das ihnen jeglichen Zugang zu Informationen über die Vergangenheit verweigert und jeden Anflug von individualistischem Denken zu verhindern versucht. Nur in den wenigen, überwachten Reservaten leben die Menschen, die als Wilde bezeichnet werden, ohne die Zwänge und Regeln der modernen Welt, fristen dafür aber ein Leben in bitterer Armut. Diejenigen, die sich gegen das System auflehnen, werden auf weitentfernte Inseln, wie beispielsweise die Falklandinseln, verbannt, wo sie frei nach ihren Prinzipien leben können, ohne das politische System zu gefährden. Dies geschieht auch mit dem Protagonisten Sigmund und seinem besten Freund Helmholtz, die zu neugierig waren und die Welt verändern wollten. Wie in *Fahrenheit 451* handelt es sich im Wesentlichen um eine diktatorische Regierung, die ihre Gesellschaft manipuliert und sie von allem bereinigen will, was die Zufriedenheit der Bürger stören und kritische Gedanken in ihnen wecken könnte.

Neben dem wesentlichen Aufbau der Geschichte haben die beiden Werke noch weitere Gemeinsamkeiten:

- In *Schöne neue Welt* sind körperliche Bindungen zwar erlaubt, doch Fortpflanzung auf natürlichem Weg ist nicht gestattet. Jeder einzelne Mensch in der Gesellschaft wurde in einem Labor „entwickelt" und ist demnach vollkommen künstlich. Diese körperliche Manipulation und künstliche Bereinigung lässt sich auch in *Fahrenheit 451* wiederfinden, als Mildred nach einer Überdosis Schlafmittel eine vollständige Bluttransfusion bekommt und nicht mal mehr ein einziger Tropfen ihres eigenen Blutes in ihrem Körper ist.

- Bei Huxley nehmen die Menschen regelmäßig eine Droge ein, die von der Regierung verteilt wird und ihnen dabei hilft, ihre Lebensfreude und Zufriedenheit aufrecht zu halten, ruhig zu schlafen und keine düsteren oder rebellischen Gedanken zu entwickeln. Diese Methode wird ebenfalls von dem totalitären Regime bei Bradbury angewandt.

- Sowohl in *Schöne neue Welt* als auch in *Fahrenheit 451* werden alle Menschen, die intelligent genug sind, das vorherrschende System in Frage zu stellen und sich dagegen aufzulehnen, verbannt. Während die Rebellen in Huxleys Roman auf entfernte Inseln ins Exil geschickt werden, werden die Aufsässigen bei Bradbury von Roboterhunden verfolgt.

Doch während *Fahrenheit 451* auf eine Veränderung der Welt hoffen lässt, in der die verlorenen Bücher neu gedruckt werden, die

Menschen sich so wieder mit ihrer Vergangenheit beschäftigen und die Gesellschaft umstrukturiert wird, sind die Aussichten in *Schöne neue Welt* deutlich negativer. Hier werden die Rebellen voneinander getrennt ins Exil geschickt und auch wenn es ihnen gestattet ist, ihr Leben dort nach ihren Vorstellungen zu gestalten, gibt es doch keine Hoffnung für die Menschheit. Der einzig verblieben Rebell, der nicht verstoßen wurde, verfällt dem Wahnsinn und nimmt sich schließlich das Leben.

1984

Wie der Titel bereits verrät, spielt Georges Orwells Roman im Jahr 1984, 35 Jahre nach seiner Veröffentlichung. Infolge eines nuklearen Krieges ist die Welt in drei große Staaten aufgeteilt, die gegeneinander Krieg führen. Die Handlung konzentriert sich auf den Staat Ozeanien und genauer auf die Stadt London. Die Gesellschaft ist vollkommen indoktriniert und wird von „Big Brother" und seiner Partei mithilfe von zahllosen Bildschirmen in jedem Raum überwacht. Der Protagonist ist der Parteibeamte Winston Smith, dessen Aufgabe es ist, die Geschichte so zu manipulieren und zu überarbeiten, dass die letztendliche Darstellung die Werten der Regierung verteidigt und ihre politischen Entscheidungen rechtfertigt. Da freies bzw. selbständiges Denken soweit wie möglich unterbunden wird und generell verboten ist, kann Winston sich niemandem anvertrauen und hält daher die wahre Geschichte in einem kleinen Heft fest. Eines Tages lernt er eine junge Frau namens Julia kennen. Er verliebt sich in sie und die beiden beginnen eine Beziehung, was vom Staat allerdings verboten ist. Um sich heimlich treffen zu können, mieten sie sich ein Zimmer, werden allerdings von dem Vermieter verraten und festgenommen. Nachdem beide gefoltert und mittels einer Gehirnwäsche rekonditioniert wurden, werden sie kurzzeitig wieder in die Gesellschaft eingegliedert und schließlich exekutiert. Im Laufe des Romans erfährt der Leser, dass sowohl Big Brother, als auch der Hoffnungsträger der Rebellen, Emmanuel Goldstein, eine reine Erfindung der Regierung sind, um das Vertrauen in den Staat zu stärken und Gegner des Regimes ausfindig machen zu können.

Neben dem gemeinsamen, historischen Kontext,

dem Zweiten Weltkrieg (1939-1945) und dem daraus resultierenden Kalten Krieg (1945-1990), haben *Fahrenheit 451* und *1984* noch weitere Gemeinsamkeiten:

- Die jeweiligen Protagonisten sind damit beauftragt, zum Wohl der Diktatur die Geschichte zu vernichten oder zu manipulieren. Mit der Zeit verstehen sie, welche Wirkung und welches Ausmaß ihre Arbeit hat und stellen die Grundprinzipien der Gesellschaft, in der sie leben, in Frage.
- Die dargestellte Gesellschaft wird fortwährend von der Regierung manipuliert und weiß kaum etwas über den Krieg, der sie umgibt.
- In beiden Romanen spielen die Medien eine wichtige Rolle bei der Kontrolle der Bevölkerung. Über die Bildschirme werden Propaganda und unvollständige oder manipulierte Nachrichten verbreitet. Doch darüber hinaus werden sie auch dazu eingesetzt, die Bürger zu überwachen, die ihnen, da sie fast überall zu finden sind, kaum entfliehen können und dies meistens auch nicht einmal wollen.

In allen drei Romanen wird demnach die Science-Fiction genutzt, um dem Leser eine düstere

Zukunft zu zeigen, die der Welt bevorstehen könnte. Sie beziehen sich dabei auf tatsächliche, historische Ereignisse und bauen darauf ihre Fiktion auf. Auf diese Weise wollen sie ihre Leser davor warnen, wie sich die aktuelle Gesellschaft, die Politik oder andere, große Ereignisse entwickeln können.

POLITISCHE KONTROLLE, ZENSUR UND BÜCHERVERBRENNUNGEN

Ray Bradbury veröffentlichte seinen Roman zu Beginn des Kalten Krieges. Zu dieser Zeit kam es in den Vereinigten Staaten dazu, dass Senator McCarthy (1908-1957) eine wahre Hexenjagd gegen die Kommunisten und mit ihnen sympathisierende Intellektuelle einleitete. Die Menschen wurden durch die allgemeine Paranoia und den Willen, den nationalen Frieden zu wahren, erst recht ermutigt, ihre Mitbürger zu denunzieren, ganz wie in Bradburys Roman.

DER MCCARTHYISMUS

Der McCarthyismus, benannt nach dem amerikanischen Senator Joseph McCarthy, beschreibt eine Phase in den 50er Jahren in den Vereinigten Staaten, in der Kommunisten und deren Sympathisanten verfolgt wurden. Die angespannte Stimmung, die durch den Kalten Krieg entstanden war, verschärfte die Lage noch. In dieser Ära wurden zahlreiche Politiker, Künstler oder Personen des öffentlichen Lebens vor verschiedene Ausschüsse geladen und viele Verschwörungstheorien verbreitet.

Bradburys Roman könnte auf jedes beliebige, totalitäre Regime anspielen, sei es das kurz vor Veröffentlichung gefallene deutsche, das chinesische oder aktuell das nordkoreanische. Das behandelte Thema ist dementsprechend auch heute noch präsent. Auch der Zeitraum oder der Ort der Handlung werden nicht weiter definiert, doch die Beschreibung der alltäglichen Umgebung und Gegenstände (die Bildschirme, die U-Bahn, etc.) lassen vermuten, dass Bradburys Welt in nicht allzu ferner Zukunft liegt.

Die Zensur, also die Beschränkung oder Unterdrückung der freien Meinungsäußerung, ist ein wichtiges Mittel vieler totalitärer Regimes, das auf verschiedene Art eingesetzt werden kann. Zum einen kann die Zensur vor oder nach der Veröffentlichung der fraglichen Meinungsäußerung erfolgen und zum anderen kann sie implizit (durch Drohungen wie während des McCarthyismus) oder explizit (durch das Gesetz geregelt) umgesetzt werden. Im letzten Fall wurden bestimmte Werke oder Bilder aus religiösen oder politischen Gründen verboten und ihre Urheber konnten im Sinne des Gesetzes bestraft werden.

In *Fahrenheit 451* nimmt die Zensur ein besonders großes Ausmaß an, da nicht nur ausgewählte Werke, sondern ausnahmslos alle Bücher vernichtet werden sollen. Hierbei geht es weniger um den Inhalt der Bücher, sondern viel mehr um das Medium an sich, mit dem die eigene Meinung ausgedrückt werden kann. Daher gelten alle Bücher, die gleichzeitig auch die Kultur und die Geschichte des Menschen repräsentieren, als gefährlich und sollen deshalb von der Gesellschaft ferngehalten werden. Dass die Bücher schließlich nicht nur beschlagnahmt, sondern verbrannt werden, kam in der Geschichte wiederholt vor. Bücherverbrennungen fanden zum ersten Mal im Mittelalter statt, als Werke, die als ketzerisch oder unchristlich angesehen wurden, gesammelt und angezündet wurden. Während der Spanischen Inquisition ging man dazu über, die angeblichen Ketzer selbst auf dem Scheiterhaufen zu verbrennen.

Die letzten Bücherverbrennungen liegen nicht weit zurück. Die Nazis verbrannten ab 1933 in vielen Städten, darunter Berlin, Dresden, Bremen, Frankfurt und München, Bücher jüdischer und Minderheiten angehörender Autoren. Besonders die Werke von Karl Marx (deutscher Philosoph und Theoretiker des Sozialismus und Kommunismus, 1818-1883), Sigmund Freud (österreichischer Mediziner und Begründer der Psychoanalyse, 1856-1939), Heinrich Mann (deutscher Schriftsteller, 1871-1950), Stefan Zweig (österreichischer Schriftsteller, 1881-1942) und Bertold Brecht (deutscher Dramatiker und Lyriker, 1898-1856) fielen hier den Flammen zum Opfer.

Allgemeiner betrachtet steht die Zensur immer im Zusammenhang mit dem Recht der freien Meinungsäußerung und ist auch heute noch ein aktuelles Thema aller Länder, Demokratien inbegriffen:

- In den Vereinigten Staaten werden anstößige oder nicht jugendfreie Wörter und Ausdrücke mancher Lieder durch einen Piep-Ton ersetzt, um jüngere Hörer zu schützen.
- Mit Aufkommen neuer Technologien im Bereich Information und Kommunikation lösen Webseiten wie WikiLeaks (die anonym vertrauliche Dokumente hochladen) immer wieder neue Debatten aus.
- In China, Kuba und Nordkorea können viele Internetseiten nicht aufgerufen werden, da die Verbindungen zum Ausland stark eingeschränkt sind.
- Robert Saviano (geboren 1979), Autor von *Gomorra*, einem Buch über die neapolitanische Mafia Camorra, erhält seit der Veröffentlichung seines Buches ständig Todesdrohungen und lebt seitdem unter polizeilichem Schutz. Zahlreiche italienische Richter und Journalisten sind bereits dafür ermordet worden, sich öffentlich gegen die Mafia ausgesprochen zu haben.
- Überall in der Welt werden Menschen für die

Äußerung regierungsfeindlicher Gedanken verhaftet und als „politische Gefangene" festgehalten.

Die Kontrolle der Gesellschaft durch die Medien

In *Fahrenheit 451* untersteht die Gesellschaft einer totalitären Regierung, die gleichzeitig eine politische und intellektuelle Diktatur darstellt. Auf politischer Ebene wird diese Tatsache durch den einheitlichen Lebensstil der Bürger, die unablässigen Kontrollen und schweren Einschränkungen deutlich. Auf intellektuellem Niveau äußert sich die Diktatur darin, dass alle Formen der Reflexion und intellektuellen Auseinandersetzungen untersagt sind und der Mensch nicht von dem einheitlichen Denken abweichen darf. Diese totalitäre Haltung hat sich mit der Zeit etabliert und die Bevölkerung hat beinahe vollständig vergessen, wie sie an diesen Punkt gekommen ist. Captain Beatty ist einer der wenigen Menschen, die sich noch an die Vergangenheit erinnern. Er erklärt Montag, wie sich die Welt nach und nach mit der Weiterentwicklung der Medien und durch die Massenphänomene verändert hat.

Obwohl Bradbury seinen Roman in den 50er Jahren verfasst hat, sind darin einige Entwicklungen der heutigen Gesellschaft erkennbar:

- Die Transport- und Kommunikationsmittel haben unsere Art zu leben beschleunigt.
- Obwohl Bücher und Lesen immer noch ein wichtiger Bestandteil unseres Lebens sind, werden sie durch neue Freizeitbeschäftigungen verdrängt.
- Das Fernsehen und auch alle anderen Arten der über Bildschirme übertragenen Medien sind in unserem Alltag omnipräsent.

Diese Entwicklung wird im Roman allerdings sehr extrem dargestellt und zeigt eine überspitzte Zukunftsvision der amerikanischen Gesellschaft. Die Bücher werden zunächst nur reduziert, bis sie schließlich vollständig verschwinden und verboten werden, da sie laut der Regierung eine Gefahr für die Gleichheit, den Frieden und das Glück der Menschen darstellen. Auch die Medien setzen sich dafür ein, diese Gleichheit aufrecht zu erhalten: Sie vermitteln zwischen den Menschen, machen sie einander ebenbürtig und versuchen, sie von der Realität und allen möglichen Divergenzen zwischen ihnen fernzu-halten. So wurde die Vergangenheit ausgelöscht und hat einer Gesellschaft in völligem Stillstand Platz gemacht.

- Die Menschen nehmen ihr Umfeld kaum noch wahr und bemerken nicht einmal, dass ein Krieg um sie herum ausbricht.
- Die Feuerwehrmänner haben ihre ursprüngliche Aufgabe vollkommen vergessen.
- Selbst die jüngere Vergangenheit gerät in Vergessenheit; Mildred kann sich beispielsweise nicht mehr an ihre erste Begegnung mit Montag erinnern.

Alles scheint unter dem Einfluss der Medien zu stehen, die eine beinahe hypnotische Macht auf die Menschen ausüben. Mildred ist ein Paradebeispiel dafür: Sie verbringt ihre meiste Zeit in ihrem rundherum mit Bildschirmen ausgestatteten Wohnzimmer und sollte dies nicht der Fall sein, trägt sie stets Kopfhörer, um alle möglichen Radiosendungen zu verfolgen. Sie fragt sich nie, was der Grund für ihre Unzufriedenheit ist, stattdessen gleicht sie ihr Unglücklichsein mit schnellem Fahren und dem Einnehmen von Schlaftabletten aus.

PLATONS HÖHLENGLEICHNIS

Die Menschen verbringen viel Zeit vor den Bildschirmen, die sich in jedem Haus befinden, und verbringen Zeit mit ihrer „Familie", einem künstlichen, sozialen Netzwerk. Die Gefangenschaft in diesen „elektrischen Höhlen" (S. 160) erinnert an das Höhlengleichnis, das Platon (griechischer Philosoph, 427-348/347 v. Chr.) in *Der Staat* beschrieb. Das Gleichnis erzählt von einer Gruppe Menschen, die ihr gesamtes Leben in einer tiefen Höhle verbracht haben und so festgebunden sind, dass sie vollkommen bewegungsunfähig sind. Sie können nichts weiter tun, als auf die gegenüberliegende Höhlenwand zu blicken und die Schatten, die sich darauf abzeichnen und die sie für die einzig wahre Realität halten, zu beobachten. Sollte einer dieser Gefangenen von seinen Fesseln befreit werden und sich umdrehen, würde er zunächst eine Mauer sehen, hinter der ein Feuer brennt und andere Menschen entlanggehen, die kleine Nachbildungen von verschiedenen Lebewesen über dem Kopf tragen. Die Träger sind selbst kleiner als die Mauer, doch die Figuren werden von dem Feuer beschienen und werfen die Schatten an die Wand, die die Gefangenen beobachten. Der Befreite traut seinen Augen nicht und muss feststellen, dass das, was er und die anderen Gefangenen für die Realität hielten, nur deren Schatten waren. Mit der Zeit gewöhnt er sich an die neue Realität und klettert langsam aus der Höhle. An der Oberfläche sieht er zum ersten Mal das Licht der Sonne und sobald er sich an die Helligkeit gewöhnt hat, erkennt er auch die ganze Wahrheit. Kehrt der Befreite nun in die Höhle zurück und setzt sich wieder neben die Gefangenen, wird er eine gewisse Zeit brauchen, um sich wieder an die Dunkelheit und das Leben dort zu gewöhnen. Erzählt der den anderen Gefangenen von seinen Entdeckungen, werden diese ihm nicht glauben, da das bedeuten würde, dass alles, was sie je gesehen haben, nur eine Illusion, eine falsche Realität ist.

Montag ähnelt dem Freigelassenen, da er ebenfalls die Fesseln zu durchbrechen versucht, die ihn an eine Gesellschaft ketten, deren Bürger sich in Illusionen wiegen lassen. Wie der Befreite nach seiner Rückkehr bemüht auch Montag sich, seiner Frau von seinen Erkenntnissen zu berichten und sie ihr verständlich zu machen, doch

Mildred zieht es vor, in ihrem Wohnzimmer mit den wandhohen Bildschirmen eingeschlossen zu bleiben. Sie will sich ihre Realität nicht von ihrem Mann angreifen lassen und hat kein Interesse daran, sich seine Realität anzuhören. Ihre Höhle, ihre verzerrte Wirklichkeit, ist ihr Wohnzimmer mit den „Bildwänden", aus dem es für sie keinen Ausweg gibt.

Die Menschen ziehen es vor, weiter ihr komfortables Leben zu führen und dem Wissen, das hier durch die Bücher symbolisiert wird, sowie der harten Realität den Rücken zuzuwenden. Um sie herum bricht ein Krieg aus, doch kaum einer ist sich dessen bewusst. Der Regierung ist es sogar wichtiger, den Bürgern die Falschmeldung zu zeigen, dass ein gewisser Montag von einem der Roboterhunde gefasst wurde, als sie vor dem Krieg zu warnen, obwohl die Bomber bereits über die Stadt fliegen und bereit für einen Luftangriff sind.

Sowohl im Roman als auch im Gleichnis findet sich das Symbol des Feuers wieder, dessen Bedeutungen sich allerdings unterscheiden. Das Feuer der Flammenwerfer im Roman und das Feuer in der Höhle treten als Zerstörer des Wissens auf oder hüllen die Menschen in Illusionen. Doch das Feuer der Sonne und das Lagerfeuer, geben den Menschen, sobald sie es mit eigenen Augen sehen, Hoffnung und stehen gleichzeitig für Wissen und Erkenntnis.

DAS GLEICHNIS

Ein Gleichnis ist eine Erzählung, die oft nur relativ kurz ist und dazu dient, eine abstrakte oder komplexe Idee einfacher zu erklären und dem Zuhörer oder Leser verständlich zu machen. In *Der Staat* verwendet Platon das Höhlengleichnis, um die schwierige Situation des Philosophen, der sein Licht (bzw. sein Wissen) mit seinen Mitmenschen teilen will, gegenüber der Gesellschaft darzustellen.

DIE SYMBOLIK DER HÖLLE

Im gesamten Buch lassen sich viele, kleine Details finden, die im christlichen oder heidnischen Sinn mit der Hölle in Verbindung gebracht werden können.

Das Feuer nimmt von den ersten Seiten an eine zentrale Bedeutung in der Welt des Romans ein. Neben den offensichtlichen Bücherverbrennungen, ist das Motiv des Feuers auch auf der Uniform der Feuerwehrmänner abgebildet. An den Ärmeln tragen sie jeweils ein Abzeichen mit einem Salamander und auf den Jacken oder Helmen ist ein Phönix zu sehen, beide sind Tiere des Feuers. Auch das Symbol der Schlange tritt häufig auf. Gleich zu Beginn vergleicht Montag seinen Flammenwerfer mit einer „mächtigen Schlange, die ihr giftiges Kerosin in die Welt hinausspie" (S. 9) Auch als Mildred die Bluttransfusion erhält, sieht die Apparatur für ihn wie eine Schlange aus, und selbst die U-Bahn hat für ihn Ähnlichkeit mit diesem Tier.

Montag selbst scheint von dem höllischen Feuer besessen zu sein. Er verrichtet seine Arbeit mit Freude, „in den Augen einen flammenden Widerschein" (S. 9) und „wenn er sich schlafen legte, spürte er im Dunkeln noch seine Züge zu dem brandigen Lächeln verkrampft" (S. 10).

Der Roman enthält darüber hinaus auch viele Andeutungen auf eine Welt, die unter der Erdoberfläche liegt: Montag fährt mit der U-Bahn zur Arbeit und sein Wohnzimmer erscheint ihm wie eine „elektronische Höhle" (S. 160). Die Stadt selbst kommt einem Friedhof gleich, da alle Bewohner in ihren Häusern vor den Bildschirmen sitzen und kaum noch Menschen auf der Straße zu sehen sind, und selbst sein Schlafzimmer, in dem er später auch die fast tote Mildred nach ihrer Schlaftablettenüberdosis findet, ist für Montag mit einer Gruft vergleichbar.

Dazu kommen noch einige Elemente, die zwar mit dem Bild der Hölle, aber nicht im Sinne des christlichen Glaubens, vereinbar sind:

- Die Hunde: Die Roboterhunde jagen und töten Menschen, die sich gegen das System auflehnen, und erinnern damit an Kerberos, den dreiköpfigen Höllenhund aus der griechischen Mythologie, der den Eingang zur Hölle bewacht und dafür sorgt, dass die Toten nicht entkommen und die Lebenden nicht in die Unterwelt eindringen.
- Der Fluss: Nur durch seinen Sprung in den Fluss kann Montag dem Hund entkommen und aus der Stadt fliehen. Daher kann er als Symbol für den Fluss Styx interpretiert werden, der die Welt der Lebenden von der von Kerberos

bewachten Unterwelt trennt.

Diese Metapher der Hölle verstärkt die düstere Darstellung der Gesellschaft, die nur aus toten Seelen ohne eigenen Willen besteht, die von Angst, Gewalt und Unwissenheit kontrolliert werden.

BÜCHER ALS ERBSÜNDE

In der beschriebenen Gesellschaft werden Bücher als eine Gefahr angesehen, da der Mensch mit ihrer Hilfe über die intellektuelle Doktrin des Staates hinauswachsen, selbstständige Entscheidungen treffen und seine Mitmenschen ebenfalls am Regime zweifeln lassen kann. Auf den ersten Seiten werden sie als die verbotene Frucht des Teufels beschrieben, von der der Mensch um keinen Preis kosten darf. Obwohl die Bücher ohnehin schon Montags Neugier geweckt haben, hätte er es ohne Clarisse' Einfluss nicht gewagt, die „Frucht" zu probieren, die angeblich die gesamte Gesellschaft zerstören kann.

Es erweist sich allerdings, dass die verdorbene Gesellschaft nicht gerettet werden kann und so bleibt Montag nur die Flucht übrig.

Doch obwohl sie so trist beschrieben wird, ist nicht alle Hoffnung verloren. Montag verkörpert diese Hoffnung und die Idee der Erneuerung:

- Er gibt Faber, der ihm später zur Flucht verhilft, neuen Mut.
- Er lässt sein altes Leben hinter sich, als er den Wunsch verspürt, sich neue Kleidung zu besorgen, die denen Fabers ähnlich sind, und als er den Fluss überquert. Dieser letzte Schritt kann als Austritt aus der Hölle, der Welt der Toten, und Übergang in die Welt der Lebenden, aber auch als symbolische Wiedergeburt gesehen werden.

Nach diesem Übergang in ein neues Leben, erscheint er wie ein Prophet, denn als er sich der Gruppe der Intellektuellen anschließt, von denen jeder ein Buch auswendig gelernt hat, erinnert nur er sich an einen Teil der Bibel. Damit ist er der einzige, der die „heiligen Worte" zurückbringen und aufschreiben kann, und die Ausgestoßenen folgen ihm zu den Trümmern der zerstörten Stadt, um diese wiederaufzubauen. Auch hierzu passt das Bild des Phönix, der, nach seinem Tod aus seiner Asche neu geboren wird, wie die Stadt, die nach ihrer Zerstörung neu errichtet wird und den Menschen ein neues Leben ermöglicht, in dem sie sich wieder an die Vergangenheit erinnern und die Bücher ihren alten Wert zurückerlangen.

ZUM NACHDENKEN

FRAGEN ZUR VERTIEFUNG

- Weshalb lassen die Namen von Montags Kollegen Black, Stoneman und Beatty bereits erahnen, dass es sich bei ihnen um negative Charaktere handelt?
- Was ist Deiner Meinung nach der Grund dafür, dass zwar Bücher, aber keine anderen Unterhaltungsmethoden verboten wurden?
- Gib Platons Höhlengleichnis in eigenen Worten wieder und vergleiche es mit der Geschichte des Romans.
- Inwiefern ist die in *Fahrenheit 451* beschriebene Gesellschaft mit der Hölle vergleichbar?
- Welche Parallelen findest Du zwischen der Gesellschaft des Buchs und der Realität?
- Weshalb kann der Roman dem Genre Science-Fiction zugeordnet werden?
- Was kritisiert Bradbury in *Fahrenheit 451*?
- Welche Verbindung siehst Du zwischen der Geschichte und dem McCarthyismus?
- Vergleiche die Regierung aus dem Roman

mit den totalitären Regimes der Realität und nenne Beispiele für Länder, in denen heute noch das Recht auf freie Meinungsäußerung eingeschränkt ist.

Deine Meinung ist uns wichtig!
Hinterlasse doch einen Kommentar auf der Seite
unser Online-Buchhandlung
und teile Deine Favoriten in den sozialen
Netzwerken!

DARÜBER HINAUS

HERANGEZOGENE AUSGABE

- Bradbury, Ray: *Fahrenheit 451*, Heyne Verlag, München, 2010

SEKUNDÄRLITERATUR

- Platon: *Der Staat*, übersetzt von Otto Apelt, Anaconda, Köln, 2010
- http://www.raybradbury.com/
- Orwell, George: *1984*, aus dem Englischen von Michael Walter, Ullstein Taschenbuch, Berlin, 1994
- Huxley, Aldous: *Schöne neue Welt*, aus dem Englischen von Herberth E. Herlitschka, Fischer Verlag, Frankfurt am Main, 1981

VERFILMUNG

- *Fahrenheit 451*, Film von François Truffaut, mit Oskar Werner, Julie Christie, Cyril Cusack, Anton Diffring, Großbritannien, 1966

www.derQuerleser.de

ISBN digitale Ausgabe: 9782808007566

ISBN gedruckte Ausgabe: 9782808007573

Pflichtexemplar: D/2017/12603/955

Cover: © Plurilingua

Logo: © Graphicrepublic (Freepik.com) und Plurilingua

In Zusammenarbeit mit Apolline Boulanger für die Personenanalyse der Feuerwehrmänner und Faber, den Exkurs „Science-Fiction, Fantastik, Märchen und Fantasy" sowie die Kapitel „Schöne neue Welt", „1984", „Die Kontrolle der Gesellschaft durch die Medien", „Platons Höhlengleichnis", „Die Symbolik der Hölle" und „Bücher als Erbsünde".

Digitale Aufbereitung: Primento, der digitale Partner der Herausgeber